푸른사상
시선

25

음표들의 집

최기순 시집

푸른사상 시선 25
음표들의 집

인쇄 2012년 11월 30일 | 발행 2012년 12월 5일

지은이 · 최기순
펴낸이 · 한봉숙
펴낸곳 · 푸른사상사
주간 · 맹문재 | 편집 · 김재호 | 마케팅 · 박강태

등록   제2-2876호
주소   서울시 중구 초동 42번지 아시아미디어타워 502호
대표전화   02) 2268-8706~7 팩시밀리 02) 2268-8708
메일   prun21c@yahoo.co.kr / prun21c@hanmail.net
홈페이지   www.prun21c.com

ⓒ 최기순, 2012

ISBN 978-89-5640-968-9 03810
ISBN 978-89-5640-765-4 04810 (세트)

값 8,000원

☞ 저자와의 합의에 의해 인지는 생략합니다.
   e-CIP 홈페이지(http://www.nl.go.kr/cip.php)에서 이용하실 수 있습니다.
   (CIP제어번호 : CIP2012005514)

음표들의 집

| 시인의 말 |

내 존재에 관여했으나

흐려진 이름들을 호명할 수 있어서 행복했다

| 차례 |

■ 시인의 말

제1부

13 나쁜 시간들
14 버터
16 어족들
18 닭고기 스프
19 소
20 바람에 잎사귀들이
22 그 물가에서
24 오래된 연인
26 음표들의 집
28 구름 보는 사람
30 봉지들
32 내 입김이 잠깐 유리창을 흐렸다
33 먼 바다를 돌아온 뱃사람
34 그늘론
36 무늬

| 음표들의 집 |

제2부

39 목련나무
40 발굽들
42 타인의 고통
43 조용한 대낮
44 배나무가 있는 풍경
46 월계동의 기억
48 흰 구름 한 송이
50 족보
52 용담꽃
54 튤립이 필 때
55 그 여름의 낮잠
56 아버지의 저녁
58 한 나무에게 가는 길
60 숟가락
62 퐁퐁 병

| 차례 |

제3부

65	흰 소와 푸른 얼굴의 사나이와
66	기타리스트의 연인
68	그녀들
70	나의 켄터키 시절
72	창
74	사과
75	소나기
76	진달래
77	아그배나무
78	물달개비
79	발자국
80	물방울
82	메타세퀘이아
83	안산역
84	피리를 갖고 싶다

| 음표들의 집 |

제4부

87　　관곡지
88　　물양귀비
89　　동태국 끓이는 저녁
90　　최후의 손
92　　새집
93　　수박선인장
94　　늙은 고라니
95　　손가락 자국
96　　아름다운 숲
97　　군자란
98　　월화수목금토일
100　　어미 목(木)
102　　첫눈
104　　굴참나무 기둥
106　　딸기나무
108　　영계백숙

109　　해설 푸른 발굽의 시간 – 이재복

제1부

나쁜 시간들

고인돌 위에 걸터앉아 발을 달랑거리는 어린 연인들 그 방의 주인은 지금쯤 저 앞 비눗방울을 날리는 아이의 웃음이 되어 있을지도 모르죠 입술을 방금 주고받은 연인들도 혹 피라미드나 오벨리스크의 거석 아래서 날아 올라온 영혼인지 누가 알겠어요

무덤 속 머리칼이 삭아가는 미라들도 들락거리는 쥐들의 빛나는 눈 묵은 껍질을 벗어두고 날아가는 곤충들 갈비뼈를 관통하는 근육질의 나무뿌리들 사이에서 새로 태어나는 꿈을 꾸겠지요

그러니 공원 벤치 위 누더기 속으로 구겨넣은 얼굴들은 또 얼마나 가벼워지고 싶겠어요
고층 아파트의 창문들도 날이 갈수록 위험해져요

이번 생은 너무 엉클어졌어요 누군가 새로운 문장이 떠오르지 않아 휘갈겨버린 낙서 같아요
시간을 재구성하지 못한 나무들도 정수리마다 만발한 근심의 꽃들을 얹고 있네요

버터

결이 거친 것들을 그것은 부드러운 식감으로 즐기게 해준다

모래바람 속 유목의 식도들은 우유에 엉긴 지방을 가죽부대에 넣고 두들겨 패 만든 그것을 귀리빵과 옥수수에 얼마나 발라서 넘겼을까

처음 로마인들은 그걸 얼굴에 발랐다고 한다 거친 민낯의 면구함을 감추는 데도 요긴했을 것 아담 이래 수치는 섭식 다음의 관건이었을 테니까

소크라테스의 변명에는 아이러니하게도 그것이 빠져 있다 그가 마신 독배의 이유다

그것은 희고 반질한 이마들의 일상화된 버릇과 방심한 어떤 틈을 갑자기 덮쳐오는 더운 입김 우그러진 얼굴 속 섬뜩한 살의 어린이의 입을 다급하게 틀어막는 늙은 손아귀들의 입맛에 더 익숙하다

말과 말 사이의 각을 미끄러트리고 주전자와 입 사이의 컵 집행관들의 모자 속을 유유히 흘러 다니는 유체 혹은 지느러미

그것을 문제와 문제들 사이로 조금씩 흘리는 사이 세상의 식탁들은 상쾌하게 차려진다

어족들

현대 하이츠 빌라 앞 도로에 늘어서서
하얗게 비늘을 털어내는 벚나무들

머리카락에 이마에 발등에 마구 내려앉는
안절부절 올려다본 벚나무에 다닥다닥 붙어
저마다 뻐끔거리는 아가미들
멀고 먼 전생의 어족들이
지느러미를 살랑이고 있다

비늘을 벗는 건 오래된 물고기들의 습성
묵은 비늘을 벗어버리고
초록의 고기 떼들을 하늘 가득 풀어놓으려는 것이다

길 건너 서광약국 이층 피부 숍으로
꼬리를 감추는 사람들
그들이 애써 박피를 하는 것도
오래된 버릇 때문일지도

심해에서 늙은 비늘을 벗어버리고
더 멀리 빠르게 헤엄치기 위한 관성이
몸 어디에 남아 있어서다

물고기가 먹잇감을 추적하며
아가미로 가쁘게 물을 켜듯
급하게 집어먹은 날들을
토해버리려는 거다

다시 윤기 흐르는 잎으로 돋아나서
바람의 물살을 타는 치어들 속에 섞여
새 비늘을 반짝이려는 거다

닭고기 스프

뜰 앞에 흰 철쭉꽃이 닭털처럼 날리다가 떨어진다 나는 침대 위에 앉아 퍽퍽하게 닭가슴살을 씹는다 오늘처럼 몸이 아프거나 생이 조금만 더 부드러웠으면 좋겠다 싶은 날이면 닭고기 스프를 먹었다

영혼에도 닭고기 스프가 필요하다고 오랜 사랑을 접고도 닭고기 스프를 먹었다 귓속에서 자꾸만 총성이 울려서 닭고기를 꼭꼭 씹어서 먹었다

이승에서의 마지막 식사로 닭고기 스프를 먹었다는 체게바라 그에게 한 그릇의 닭고기 스프를 주었던 볼리비아 소녀가 화면 속에서 낡은 소맷부리로 백발을 쓸어 올린다

나는 폭약처럼 터지는 꽃들 그 백색에 진저리치며 채 식지 않은 뇌수 같은 스프를 숟가락으로 떠먹는다

소

제 그림자를 보고도 뿔 세우고
덤벼들던 암소가
마두금 곡조에 눈매가 차분해지더니
굵은 눈물방울을 툭 떨어뜨린다

모든 사나움은
슬픔에 주둥이를 대고 있다
새끼와의 생이별에 간을 베었던 것

우우우 몰려간 고깃집
성급하게 식욕을 돋우던 아름다운 치맛살은
말 못하는 몸의 곡진한 감정 결은 아니었을까

네 슬픔을 내가 몰라보듯
이번 생에서 우리는 엇갈렸을 뿐
우연히 마주치는 불행의 요철들을
나 또한 얼마나 피하고 싶었는지

바람에 잎사귀들이

연꽃 호수에 바람이 불자
일제히 잎사귀들을 뒤집는다
장비목 코끼리 떼가 한꺼번에 귀를 펄럭인다
멀고 먼 사바나를 향해 대이동을 하나보다

수면 위에는 떨어진 꽃잎들 종이배처럼 떠 있다
저들도 몸을 나룻배 삼아 어디든 멀리
흘러가버리고 싶은가보다
나도 커브를 한 번 휙 돌아서 몸을 기울여
이 생을 어제와 오늘을 뒤집어볼 수 있는 것일까
휘파람 노를 저어 떠날 수도 있는 것일까

그런데 저 연밥들
세상의 이런저런 소문 다 듣고도 입 다문 늙은이처럼
눈 감은 얼굴 형상을 하고 물 위에 떠서 쭈글쭈글 말라간다

펄럭이던 귀들은 다 어디로 갔을까

해묵은 줄기들 덩치 큰 초식동물의 **뼈**처럼 얼기설기
컴컴한 물 위에 정박 중인 흰 배들 고요하고

둥글넓적한 연잎들 언제 무슨 일 있었냐는 듯

그 물가에서

아파트 건너편에 늙은 버드나무 한 그루
나는 어쩜 이곳이 물가였을 거라는 생각을 해요
두꺼운 시간의 지층을 열어보면
그리운 물결들 찰랑찰랑 넘치지 않을까요

그렇다면 저기 볕에 그을린 얼굴들 종일 붙박여 앉아 있는
저 벤치 아래로
큰 물가에서 버드나무 한 가지 물결 따라 떠밀려와 뿌리내리고
잎사귀들 푸르게 쏟아졌을까요
거뭇한 물풀 사이를 참붕어 버들치들 이리저리 숨고
서늘한 깊은 물에 마을 아낙들 풍성한 머리채 풀어 내렸을까요

저 주차장의 차들은 고삐를 매놓은 말이었을까요
누군가 저곳에 지친 말을 세워두고 담배연기 길게 내뿜다가
오래 간직해 딱딱해진 가슴속 그 무엇을 흘려보냈을까요
주름 속 흔적들 씻어내 물길 따라 보냈을까요

닫힌 현관문들 먼지 낀 창문들 늘어진 그네
베란다에 서서 축축한 빨래를 너는 여자들
떠다니는 소음들 속에 버드나무 저렇게 서 있네요

오래전 일들만 선명히 기억하는 노인처럼
철썩철썩 물소리 들을까요
쩔렁거리는 말방울 소리 깊이깊이 듣고 있을까요

오래된 연인

저 유리창을 꽉 채운 나무 그림자가
하나의 현상이라면
서로 겹쳐 한 폭의 그림이 되어 지나온 시간은 질량이다

그렇다면
처음 그대가 나를 채운 것을 현상이라 해도 되나
그렇게 붙박여 지나온 시간을 질량이라 해도 되나

나무가 제 안에 현상되는 걸 유리창이 바라보듯
바라본 시간의 정점을 거슬러 올라가면
그대와 나의 사랑이 시작된 곳

단지 허공에 불과했던 그대가
한 덩어리 에너지로 심장을 강타한 순간을 만날 수 있을 것인가

그대가 우주 속을 한 점 기포로 떠돌았다면
나는 적도의 마른 모래

동시에 한 생의 장막을 움켜잡는 손가락

혹은 내가 그대 몫의 그릇을 다 비우고도
집요하게 긁어대는 빈 숟가락은 아니었을까

신기루처럼 나타났다가 사라지는 모든 것들과
무한궤도를 돌며 이렇게

음표들의 집

그 집은 음표들의 집
안방에도 거실에도 음표들이 있네

물방울 같은 동네 아이들이
또르르 또르르 굴러들어와
피아노 건반을 울리면
아기와 아빠는 음표들과 술래잡기를 하네

안방과 거실 소파에도 음표들이 앉아 있네
음표들이 킥킥거리며 간식을 먹네

아기와 아빠는 뒷방 깊숙이 숨어 있네
가끔 소리 없는 그림자가 싱크대 앞을 어른대며
라면을 끓이네

아기 엄마는 아무도 몰래
퉁퉁 불은 젖을 짜서 하수구에 버리고
아기에게 고무 젖꼭지를 물리네

봄은 아직 멀었는데
술래잡기가 지루한 아빠는 문틈으로
털북숭이 목련 봉오리만 자꾸 쳐다보네

은빛 모빌이 반짝이는 그 집에는
온종일 음표들만 뛰어다니네

구름 보는 사람

창문에 핀 뭉게구름
구름을 피해 돌아눕는다

구름을 보는 일은 그것도
대낮에 혼자서 오래도록 구름을 보는 건
침대를 지고 구름 속으로 들어가는 것

구름이 구름의 타지마할을 건설하는 동안
누군가 마지막으로 현관문을 쾅쾅쾅 두들겨대다 가고
이빨들이 서로 어울려 뭔가를 찢어대고
드디어 등허리에서도 실뿌리가 반짝이면

문득 구름은 손을 내밀어
치명적인 선택을 종용할 수 있다

처음 한두 번 구름을 보다가
구름의 팔에 끌려
구름의 침대에 누웠던 사람은

다시 직립보행이 쉽지 않다는 것

종일 먹먹하게 구름 속을 헤매다가
석양의 하늘 가득
모기 떼만 들끓는 저녁이 와도

구름 보는 사람은
다시 구름을 볼 수밖에 없는 것이다

봉지들

어디선가 날아온 비닐봉지를
발로 차며 걷는다
성가시게 발에 와 엉기는 걸 걷어차다가
문득 눈도 코도 없는 나를 담아주었던
어떤 봉지를 생각한다

이 저녁도 혼자서 어두워질 봉지
온몸에 바람 구멍이 난 봉지는
지금 요양원에 붙들려 있다

그쪽 방향으로 가는 버스가 스칠 때마다
손톱을 물어뜯거나
겸연쩍으면 코를 만지는
모계의 버릇들을 감추고 싶지만
송곳들은 좀체 구부려지지 않는다

구김 소리 감추고 아닌 척 하지만
꽃들을 베란다에 넘치게 기르고

화사한 옷들을 치렁거리는 건
나 역시
봉지 속 어둠이 깊어간다는 증거다

비닐봉지들이 질긴 건
물기를 참아내기 위해서다
어디에나 뭉클 쏟아져버릴 것들이
얇은 몸을 빌려 신호를 기다리고
길을 건너간다

요양원을 다녀온 날이면
혹 봉지가 따라오지나 않을까 뒤돌아보게 된다

내 입김이 잠깐 유리창을 흐렸다

창가에 서서 밖을 내다보는데
내 입김이 잠깐 유리창을 흐린다

뿌연 기포들이 천천히
물기로 변해가는 것을 본다
물방울이 맺히더니 뚝 떨어져 내린다

투명하게 맺혔다가
흘러내리는 것들의 눈물 그렁한 눈

그것들은 이제 온
우주의 바닥을
흐르고 흘러야 돌아갈 수 있다
처음 떠나온 집으로 귀가할 수 있다

나는 지금 어디쯤을 흘러가고 있는 중인가

먼 바다를 돌아온 뱃사람

범람하는 물살을 헤치고 고기들을 건져 올리려
그는 거대한 풍랑과 사십 년을 맞섰다

잔잔한 수면 위 기포로 떠오르는 아이들
푸른 치맛자락 느릿느릿한 주름 사이 젊은 아내의
실한 허리통을 향해 그는 더 멀리 그물을 던졌다

바다와의 싸움에서 자신과의 싸움으로 항로를 틀었을 때
그는 바다의 관습에서 자신을 놓아주지 못했다
두려움이 두려워 독한 술을 마셨고
높은 파도를 상대하던 버릇이 불쑥불쑥 튀어나왔다

붉은 접시꽃 두어 송이 주인을 알아보는 마당가
빨랫줄엔 낯선 옷가지들이 펄럭거린다
그의 닻은 녹슬었고 자기 집을 너무 멀리 지나쳐 왔다

그에게선 지독한 비린내가 난다

그늘론

꽃에도 그늘이 있다
말하자면 꽃은 절정이라는 것인데
백일홍 꽃잎 사이마다 그늘이 져 있다
어디에 몸을 드리우건 그늘은 생의 문양처럼 컴컴하다

처마 그늘이 어둑하게 덮여오는 집
마루 건너 방에 백지처럼 흰 얼굴이 누워 있고
아침마다 걸레 뭉치에 피가 묻어 나왔다

가을비 차게 내리는 밤
두런거리는 그림자 몇이
윗목에 웅크린 채 굳어버린 그늘을 거두어
오리나무 숲으로 갔다
불을 끄고 누우면 오리나무 둥근 잎들이 겹겹이 얼굴을 덮고
그쪽에서 불어오는 바람 소리에도 오금이 저렸다

그늘은 한 번 덮쳤던 것들을 쉽게 놔주지 않는다
유리 조각처럼 순간 빛나는 즐거움에 잊고 살았거나

또한 죽은 사람 이름처럼 잊힌 듯싶다가도
양산을 쓰고 꽃핀 거리를 거닐 때나
칼국수 한 그릇에 후줄근히 땀 젖어 떠밀려 나오는 앞에

그것은 우연인 듯 나타나
햇빛의 일상을 단번에 엎어버리고
으슥한 그늘의 시간 속으로
종종 머리채를 끌고 들어간다

무늬

왕물결나방

칙칙한 날개에

화려한 물결무늬

누대에 걸쳐 유전된

몸의 파장 점열무늬

모든 무늬들이 기억하는 상흔

날카로운 무엇에 살을 베어

피 흘린

제2부

목련나무

사람들은
그 집을 까맣게 잊고 있다가
목련꽃이 피어 있는 동안은 신기하게 쳐다본다

아이들이 타고 놀던 목마와
버려진 낡은 의자
깨진 물병과 그릇들
끊어진 빨랫줄을 타고
근근이 피어오르는 나팔꽃을 뒤로하고
불쑥불쑥 솟아오르는 아파트들

드디어 두꺼비집 뒤에서
도둑고양이가 비명을 지르며 튀어나오고
집이 삭은 관절을 스스로 부러뜨리며 우는 것을
제 그늘에 몸을 숨기고 다 보았을 목련나무

봄이면 미친 듯
제 속의 숯덩이들을 깨워
저렇게 환한 불송이들을 내걸었을 것이다

발굽들

비에 젖은 은행나무 잎사귀들이
발굽 소리를 내며 달려온다

두 갈래로 갈라진 저 발굽들은 낯이 익다
번들거리는 발굽들을 앞세워
얼굴을 가린 그 배후를 본 적 없다

흰 갈기도 우아한 준마인지
혹은 반인 반마
황금 소나기 메뚜기 떼였는지
다만 그 발굽 아래
얼굴을 목을 가슴을 밟혔던 기억

장수한 거북이들과 만장일치의 박수 소리들
밟고 지나가는 발자국들마다
촉수 세운 혈관 위에 통증 아닌 것들 없이

사랑할수록 사나워져서

즐겁게 당연하게

한 번 더 치명타를 먹이며

넘고 또 넘어오는 수천수만의 저 푸른

타인의 고통

포탄 한 방에 건물이 사라졌다

붕괴된 건물 더미 위에서
간간이 총소리가 들리고 먼지구름이 피어오른다

수전 손택의 타인의 고통을 읽던 나는
의도적 방관과 의도된 관음증 사이에서 잠깐 고민한다

죽은 사람들의 숫자엔 현실감이 없다
공포에 질린 아이들의 눈 피투성이 옷들
아수라장의 시체들을 보며 입을 벌리는 사이

그곳 사막 한가운데
일만 년이나 된 고대의 성 마르무사 수도원이 있는지
수백 개의 계단을 끌고 다녔을 옷자락들

"전쟁을 데려가라" 비명을 지르는 시인 아도니스가 사는 곳
바빌론과 유프라테스 강 히아신스와 시클라멘
라벤더가 아름다운 곳인지는
생각해 볼 겨를도 없이

조용한 대낮

17층 복도식 베란다에
호기심 많은 열매들이 매달린다

화단 근처 주차장 앞에
남자는 편안한 듯 누워 있었다
다만 머리 부근에서 흘러내린 핏물이
두 개의 도랑을 만들며 검붉게 흐르고 있다

아무도 집 밖으로 나오지 않는다
길고양이 한 마리
음식물 쓰레기통 뒤에 숨어서 사태를 주시한다
앰뷸런스가 오고
경찰 두어 명이 일상적인 얼굴로 다녀갔다

몇 번인가 고무호스가 물을 뿜자 도랑이 지워진다
얼굴 허연 구름들 머쓱하니 내려다본다

묽어진 핏물 화단가로 스며들자
장미꽃 붉고 싱싱하다

배나무가 있는 풍경

  우리는 산등성이 자갈밭에 배나무를 심었다 아버지의 땀 젖은 허리가 달빛을 받아 검게 빛났다

  아버지는 배 맛이 참배 맛일 거라며 아버지의 희망처럼 깊은 구덩이를 파고 또 팠다

  나는 어느새 눈송이 같은 배꽃이 동산을 덮고 꽃잎들 바람에 날리는 달빛 아래 있어
  배나무 심는 손이 빨라지고 가파른 비탈밭을 날듯이 오르내렸다

  아버지는 하루 종일 배밭에서 살았다

  우리들이 창피하다고 밭에 가지 않는 동안에도 아버지는 배에 봉지를 씌우고 밤을 새워 비료를 주었지만 아버지가 고전처럼 읽던 땅은 흉작에는 빚 걱정을 풍작에는 어린애 볼기 같은 배를 파묻어버리게 했다

언제부턴가 아버지는 배나무 대신 자신의 삶에 톱질을 해 댔다 봉지 속에 익어가던 배는 누군가의 손을 탔고 몇 그루 남아있지 않은 배나무는 까마귀들 차지가 되었다

나는 아버지의 꿈들이 가랑잎처럼 버석거리는 땅 아래 시든 배꽃 같은 아버지 살을 묻었다

월계동의 기억

철로 아래 탄 하역장을 끼고 흐르는
시커먼 하천 자갈밭
가마니로 둘둘 말아놓은 주검
까맣고 야윈 발이 부끄러운 듯 비어져 나와 있다

얼핏 내려다본 아가씨들은
소스라치며 애인의 품속으로 얼굴을 묻는다

천둥 치듯 기차가 한 차례 지나가고
철로 위를 껑충껑충 건너가는 사람들

씹던 껌을 뱉어버리고
담배꽁초를 던지고
출근을 하고
퇴근을 하고

개다리소반처럼 둥근 돌 위엔
두 홉들이 소주와 과일 몇 개

엉겨 붙는 파리 떼들

바람은 고요히

망초꽃을 눕혔다가 일으키고

흰 구름 한 송이

잔뜩 화가 난 구둣발들이
몰려온다

사내가 애써 가꾼 과수원
이제 막 붉게 익어가는 사과

밟혀 으깨어진 사과들 위에
한 구둣발이 사내의 팔을 낚아채어
무릎을 꿇린다
그림자들이 웅성거린다

사내가 무슨 말을 하려고 하자
"변명 따윈 이제 필요 없어
돈을 갚으라구 돈을"
빨간 고무장갑 낀 구둣발이 철썩철썩
사내의 입에 진흙을 바른다

나는 사내의 머리 위에 떠 있는

흰 구름 한 송이

사내의 단물 흐르는 사과를
탐스럽게 베어 먹은 적이 있다

족보

 빗방울이 떨어지는 대청마루에 놋대야를 받쳐놓고 아버지는 파리똥이 새까맣게 앉은 족보 갈피에서 반쪽뿐인 교지를 꺼내보곤 했다 어영대장을 지냈다는 옛 조상에게 정조가 하사했다는 교지는 아버지의 자랑거리였다

 "여길 봐라 이렇게 임금의 옥새가 찍히지 않았느냐? 글쎄 어느 핸가 나무를 해서 한 짐 지고 들어오니 너희 할머니가 이 교지를 찢어다가 떨어진 문구멍을 바르고 있더구나" 아버지는 교지를 꺼내 한참씩 들여다보고 정성스럽게 접어 다시 넣어두곤 했다

 떨어지는 빗방울 속으로 검푸르게 녹이 앉은 놋대야와 족보가 차오르고 썩은 서까래가 아버지 무릎처럼 삐걱거리면 나는 무작정 족보 속의 단단한 기둥이 되고 싶었다

 등뼈 기진한 어디쯤에선가 기둥은 슬며시 뉘어버렸지만 축축한 날들이 비려올 때면 아버지의 족보를 다시 펴본다

족보 속에는 교지를 찢어다가 문구멍을 바르는 할머니와 반쪽뿐인 교지를 틈만 나면 꺼내보는 아버지가 납작해져 살고 있다

용담꽃

 할머니는 열두 살에 시집온 민며느리였다 쓰러져가는 오두막엔 종종 비가 새기도 했는데 부엌 바닥에 고여 오는 물을 바가지로 퍼내며 밤을 꼬박 새곤 했었다고

 두 살 아래인 할아버지는 눈이 컴컴하고 손가락이 길고 키가 껑충해 영 겁 많은 수사슴을 연상시키는 할머니 말로는 어느 한 구석 든 데 없는 남정네였다는데 몸에 신병이 있어 그랬던가 통소 하나는 아주 잘 불었다고

 그런 할아버지를 닦달해가며 할머니는 부지런히 살림을 일궈 대청마루가 널찍한 집을 짓고 뒤뜰에는 호두나무 아래 평상을 놓아 백 리 근동에서 집 구경을 왔다고

 여자는 그저 부지런하고 손끝이 여물어야 한다고 할머니는 틈만 나면 내 귀에 대못을 박아 댔는데 어쩐지 나는 흰 중의 적삼 속 미열을 달래며 쓸쓸히 통소나 불다가 일찍 돌아간 할아버지 산소 앞 낙엽 더미 위로 피어오르던 용담꽃에만 마음이 갔다

할머니는 제 할애비를 닮아 손가락이 긴 것이 밥 얻어다가 죽도 못 끓일 인사라고 혀를 차곤 했다

늦가을, 이승의 길들이 어두워 문득 찾아가보면 할아버지는 그 내막을 아는지 모르는지 여전히 봉분 앞에 용담꽃 푸르게 피워놓고 있다

튤립이 필 때

 바람에 날리는 눈가루로 종일 날이 흐리고 고개를 숙이고 조는 듯 조는 듯 물레를 돌리는 할머니 마당엔 쓸어도 쓸어내도 다시 눈이 내렸다

 창호 문에 기대앉은 몸이 불편한 고모의 수틀 속엔 **빨간 튤립** 한 송이가 피어났다 뾰족 지붕 위에 풍차가 돌고 금발의 소녀가 에이프런을 두르고 꽃다발을 안고 있다 아직 눈도 없는 토끼들이 클로버잎을 따먹고 있다

 고모는 이 수를 다 놓으면 높고 높은 저 문지방을 넘을 수 있을까 다른 어느 곳을 향해 갈 수 있는 것일까 할머니도 그만 근심의 물레질을 멈추고 잠드실 수 있을까

 무거운 공기들이 정수리를 눌러도 괜스레 가슴이 부풀고 수틀 속 **빨간 튤립**이 내 몸 어디선가 숨죽여 피어났다

그 여름의 낮잠

장맛비가 석 달 열흘 쏟아지고
앞산이 무너져 붉은 흙이 가슴을 덮고
어머니는 장독대가 떠내려간다고 발을 굴렀다

흙탕물 속에서
닭 벼슬 같은 맨드라미가
깜빡거리며 떠내려갔다

저 맨드라미를 건져다가
어머니의 장독대에 심어드려야 하는데

아무리 버둥거려도 발이 땅에 닿질 않았다

아버지의 저녁

검푸른 아카시아 숲에 저녁 안개가 뭉쳐 있고
처마 그늘 아래 감자 껍질을 벗기던 손들
일제히 동작을 멈춘다

작두에 풀을 먹이던 아버지
다급히 움켜쥔 손가락 사이에서
뭉텅 떨어지는 검붉은 덩어리

눈을 가린 귀 속으로 허둥대는 치맛자락들
가위! 가위! 다급한 음성과 헝겊 찢는 소리
급하게 오가는 발자국에 마룻바닥이 삐걱대는 소리들

부상병의 머리처럼
손가락을 허옇게 동여맨 아버지
핏기 가신 얼굴로 앉아 있는 밥상머리

유리 등불 속의 그을음이 검은 혀를 널름거리고
무거운 숟가락질 등 뒤로

흙 바람벽이 그림자들로 뒤덮일 때

마당가 시누대잎에 바람이 이는지
수많은 칼날들이 어둠 속에서 번뜩였다

한 나무에게 가는 길

마음의 중심이 한 나무를 향하던 시절
물 말은 밥에 김치만 얹어 먹어도
머리카락이 숨 가쁘게 자라났다

처녀들의 방은 자주 냉골이어서
붉게 언 손발로 첩첩 눈길을 걸어
애인들을 만나러 가고
곱은 손을 비비며 카프카를 읽다가 밖을 내다보면
하늘과 길들이 흐려 있었으나
그 나무가 분명하게 팔을 뻗어오는 게 보였다

검붉은 구름들이 먼 산을 가리고
눈 쌓인 처마 그림자가 마당을 덮어와
남자들이 일찍 켠 호롱불 아래 잎담배를 말고
여자들이 젖은 눈썹을 말리며 해진 양말을 깁기까지
이파리들 속에서 길들이 사뭇 출렁거렸다

한 나무에게 가는 길은 끝이 없어

창호 문을 때린 바람이 불안을 팽창시키고
애써 데워놓은 온기가
처마 밑 길고 투명한 손가락들 사이를 빠져 나가는 동안

낡은 신발을 고쳐 신으며
구부러지고 둥근 혹은 녹슨 날들 걸어와
잠시 서서 언 뺨을 문질러보는 겨울 숲

멀고 아득하게 눈이 내린다

숟가락

남자가 여자에게 반지를 주어서
여자는 남자에게 숟가락을 선물했다

남자는 여자가 가져온 숟가락이 영 눈에 차지 않는지
손으로 두들겨 보고 이빨로 꼭꼭 씹어 보고는
이건 27종이 아니야 반 스텐이야 했다

일테면 얼마나 오래 삽질을 할 수 있나
가늠해보자는 것이었는데
숟가락이 남자를 퍼먹을 건 몰랐나보다

달동네 월세방 골목 끝 전세
스무 평 아파트에서 지금의 부엌까지
무시래기 엮이듯 내력을 같이 하고도
숟가락은 어디 한 군데 헐은 곳이 없다

한여름 수박 속 파먹히듯
쓸 만한 곳은 거의 다 파먹힌 남자는

이제 무릎과 어깨 사대육신 안 아픈 곳이 없다고
밥상 위에 단정히 놓인 반 스텐 앞에서
대놓고 길게 눕기도 한다
못 미더워 씹어보던 이빨도 거의 흔들리거나 빠졌다

아직도 보얗고 말짱한 숟가락에게
27종이 아니라고 남자는 가끔 눈을 흘긴다

퐁퐁 병

 그릇을 닦으려고 퐁퐁을 수세미에 짜고 병을 세우려는 순간 내용물이 바닥이 났는지 픽 쓰러진다

 우울증을 앓던 애 엄마가 아파트 아래로 떨어졌다 목격자는 여섯 살 난 꼬마 애였는데 뒤집힌 치마가 팔랑거리는 모습이 마치 나비 같았다고 몸보다 더 무거운 엄마의 머리를 여섯 살 난 아이가 어떻게,

 깊은 물속이건 천길 벼랑이건 처박히고 싶은 날들을 밥을 꾹꾹 채워 넣으며 버티던 기억은 흔들릴 때마다 무게 중심점을 확인하는 습관이 되었다

 리필 봉지를 뜯어 퐁퐁을 가득 채워 넣는다

제3부

흰 소와 푸른 얼굴의 사나이와

사랑이란 밤새 눈이 내리는 건지도 모르겠어요
눈이 처마 끝까지 쌓여 아무 곳에도 갈 수 없는 날은
온종일 물레를 돌렸어요

화덕에 불을 붙이고 연기를 핑계 삼아 조금씩 아끼며 울었어요
아버지가 일하는 청어염장공장 처마에 겨울이 자라고
자작나무 흰 가지 사이에서 흐려지는 나를 손바닥으로 닦곤 했어요

어떤 밤에는 당신이 눈처럼 흰 드레스를 입은 나를 안고
높이 솟은 지붕들과 굴뚝 위를 가볍게 날아
몇 개의 나와 당신을 날아서 사라지는 당신에게 닿기도 하였어요

흰 소와 푸른 얼굴의 사나이와 울 줄만 아는 닭과 당나귀와
잠이 깨면 물을 긷고 빵을 굽고 나무의자에 고개를 숙이고 앉아
양털 실로 겨울의 고요를 기우면서

기타리스트의 연인

그녀는 늘 흥얼거리죠
버릇처럼 손가락을 펴서 아무 곳이나 틱틱틱 치죠
그 기타리스트가 그녀에게 모든 음악을 세심하게 들을 수 있는 귀와
날렵하게 기타를 튕기던 긴 손가락을 주었기 때문이죠

보헤미안 기질의 기타리스트는 돌들의 호숫가
보랏빛 무스카리 숲에 그녀를 세워두고 기타를 쳐요
연주하는 사람은 많지만 제대로 치는 사람은 드물다는 '바람의 시'를
읊조리듯 천천히 기타 줄을 튕기죠

기타리스트와 연애를 하려는 여자는 바보예요
키스와 스킨십보다 리듬에 능한 그는 기타리스트니까요
동유럽으로 남아프리카 혹은 히말라야로 데리고 다니다가
안나푸르나의 휘파람 속 어디쯤에서 갑자기 손을 놓아버리기 일쑤죠

그는 기타 줄이 툭 끊기듯 그렇게 가버렸어요
지상의 음악들을 다 불러다가 그녀 앞에 놓아두고서
북서풍이 부는 쓸쓸한 날씨엔 크로아티안 랩소디를
비 오는 날엔 Crying In The Rain
지루한 침묵 끝엔 카바티나를

바람 속에서도 기타 음률을 감지해 내는 커다란 귀
아무 곳이나 손이 닿는 대로 튕겨대는 거미발처럼 가늘고 긴 손가락

그녀는 바람 소리만 듣고도 잎들이 한 방향으로 쏠리는 나무예요

그녀들

바람과 바람의 동선에 대한 이야기는 흥미롭지만 아슬아슬해요 그럴 때 그녀들은 베란다와 식탁 빨래 건조대를 꽉 붙잡지요

가끔은 나타샤와 흰 당나귀 푸른 옷소매 혹은 엘 콘도르 파사에서 접점을 만나기도 하지만
바람과 바람의 동선은 그녀들의 베란다와 식탁에서 멈춰요

문득 어린 아이비가 불안해지면 낡은 스웨터를 널어놓아 더욱 어둑한 창문들을 꼭꼭 닫고 바람의 옷자락이 닿은 광활한 사막과 초원을 끄느라 그녀들의 입술은 부르터요

그녀들은 선뜩한 나무 그림자에도 발목을 삐고 햇빛 빤한 가을 아침은 젖은 잎이 반사하는 빛에도 동공을 찔려요

그녀들이 믿을 건 시간뿐이에요 난간들이 회색빛으로 낡아 가는 동안 눈치 빠른 날들은 얼마나 익숙하게 주름을 접어가

겠어요

 치마를 부풀리고 머리칼을 부드럽게 날리던 서풍의 감각만으로 그녀들은 오래 어두워질 수 있을 거라고 믿어요

나의 켄터키 시절

지금은 옥수수가 익어가는 계절, 붉은 수염 옥수수밭을 지나 뜰에 칸나가 핀 집 앞을 지나고 있어요 켄터키 옛집은 늘 여름이고 칸나가 피죠

칸나의 목구멍은 붉고 깊어서 멀리서 휘파람 소리가 들려와요 구릿빛 얼굴에 코 밑 솜털이 보송한 휘파람들은 담벼락에 몸을 붙였다가 아버지 헛기침에 화들짝 놀라 도망치곤 해요

나의 켄터키 저녁은 머나먼 음악들과 같이 와요 금발의 제니와 올드 블랙 조 홍하의 골짜기 가끔은 딜라일라를 목이 쉬게 부를 적도 있지만 북두칠성 일곱 개 별에 모든 것을 걸던 시절이예요

모깃불이 타오르고 은하수가 입에 닿으면 돈을 벌겠다고 도시로 떠난 남자들이 갑자기 돌아오기도 해서 하릴없이 머리나 땋아 기르고 십자수를 놓던 켄터키 처녀들은 분주하게 목화를 따다 말리고 포도나무 우물가 별빛에 목욕을 해요

도시에서 돌아온 남자들은 별안간 활기를 불어넣지만 켄터키 처녀들의 잠을 흔들어 아이를 넣어두고 줄행랑을 치는 일도 있어서 '블루 켄터키 걸'* 같은 유행가를 신봉하게 하고 이야기를 좋아하는 늙은이들은 바구니에 쌓아두었던 바느질감들을 단번에 끝내버려요

어머니들은 전에 없이 눈빛이 날카로워져 딸들의 가슴이나 엉덩이를 눈여겨보고 대문을 일찍 걸어 잠그고 집안의 불들을 모두 꺼버려요

그런 밤이면 유성이 돌팔매처럼 날아가 떨어지고 나는 절대 옥수수와 감자 따윈 먹지 않겠다고 북두칠성에 맹세했어요

* Loretta Lynn - Blue Kentucky Girl(1965)

창

창은 네모다
풍경을 가로 세로 자른다
아니 창은 둥글기도 하다
친절하게 모든 것을 굴린다
굴리고 굴려서 자기에게 이르도록 한다
그런 점에서 창은 이기적이다

창 때문에 따뜻하고
창 때문에 춥다
세계가 아름답고
세계가 보이지 않는다

창에게 순종하고
창에게 부탁하고
가끔 창에게 애교도 부린다
뒤끝이 쓸쓸하면 입김을 흐리고
'사랑해' 써놓고 마주 바라보던 날의
눈부심을 기억한다

털이 보드랍고 유순한 집토끼
어느 한계점 이상은 결코 넘지 않는
참새의 짹짹거림

그러므로 절대 행복한 나는
아니 불행한 나는
창의 애호가

사과

내가 너라면
네가 나라면 불만이 없겠니

태초의 첫 유혹처럼
붉고 둥글어서 우리 서로 끌렸던 건 아닐까
매혹의 입술이 빨간 사과껍질 같았던
귓불을 스치던 사과즙들의 속삭임
뱀의 혀에서 나온 거니

달콤한 첫맛에 우리 서로 겹쳤고
시고 떫은 뒷맛에 우리 당연한 듯 인상을 쓴다

지구는
반으로 쪼개진 사과들의 순례지
서로의 반쪽을 찾아
촉수 세운 더듬이들 멈추지 않는다

정말 우리가 서로 몸을 합쳐서 달만큼 둥글어진거니
해처럼 빛날 수 있었던 거니
온 대지를 둥글둥글 굴러다닐 수도 있었던 거니

소나기

 나는 이끼 푸른 백 년이 넘은 집에서 지붕 위에 빗물을 가득 받아놓고 고사리를 꺾어 말리며 살았더랬어요

 노인들은 느티나무 그늘 아래 긴 담뱃대를 물고 느릿느릿 바구니를 만들다가 자주 낮잠에 들고 마을 사람들 주머니엔 서 푼 이상의 돈이 없었어요

 유채를 베어낸 자리에 모내기를 마치고 나면 삼엽매 꽃이 붉은 산길을 걸어 머리에 빗을 꽂은 여인들과 남자들이 장을 보러 갔었는데 나도 검은 눈썹의 이마가 푸르른 그이와 반달 참빗을 사러 가곤 했었지요

 성 아래 저잣거리에 호로사를 연주하는 사람들이 있어 건너가는 비 냄새에 실려 갑자기 그 생이 환하게 몰려오곤 해요

진달래

  산은 온통 나비들로 눈부셔요

  겨우내 추위에 지친 나무들의 정수리에 분홍빛 엷은 날개를 얹고 파르르 떠는 한 떼의 나비들 사월의 바람결을 타고 놀며 더러는 이 세상이 아닌 어느 한때를 생각하는 듯 고즈넉이 날개를 접고 앉아있어요

  그 옛날 사대부가의 별당 아씨 중문 후문 지나 스란치마 끌리는 후원에 핀 꽃을 따서 마음이 호젓해질 때마다 입술에 대고 호오 불어 높은 담 밖으로 날려 보내곤 했었나봐요

  신이 난 바람은 그 꽃잎을 받아 등에 업고 몇 구비 순환의 길을 돌아 땅속 깊고 깊은 잠을 자게 하였겠지요

  봄비 내리는 캄캄한 우화의 밤이 가고 바람은 이제 막 부화해 지상으로 올라온 분홍빛 나비들을 불러 모아 홀아비처럼 헐벗은 봄 산으로

아그배나무

언뜻언뜻 눈물이 스치는 노을 속으로
걸어 들어간 숲에서
고개를 수그리고 뜨개질 하는 아그배나무를 만났다
하얀 꽃들의 레이스 촘촘히 늘어뜨려
지난겨울 눈사태에 다친 무릎을 덮고 있었다

주위가 어두워질수록 더욱 눈부신
순백의 흰빛이 숨죽여 견뎠을 어두운 저녁들이
잿빛 안개를 풀며 천천히 걸어 나왔다

우리는 무엇으로 해서 쓸쓸하고
쓸쓸하지 않은 것이 아니라
날개들이 순간 유리문에 갇히듯
이해할 수 없는 낯선 곳에
잠시 머물 뿐이라고

순한 향기가 자박자박 먼발치까지 따라왔다

물달개비

수면 가장자리에는

청보랏빛 물결들

막내고모 원피스를 빌려 입었다

단발머리 우리들은 말끝마다

팡팡 웃음이 터졌다

그날은 유난히 물비늘이 반짝거려

눈을 뜰 수가 없었지만

첫 휴가를 나왔다는 그는 수영을 잘했다

불쑥 물 젖은 손이

물달개비 한 송이를 건넸을 때

온 세상 물결들이 다 나를 향해 달려왔다

발자국

바위에 찍힌 움푹움푹한 화석에 손을 넣어보며 보폭을 잃고 모호해진 내 발자국들을 들여다본 적 있다

고단하고 팍팍한 발자국들은 어디서건 부끄러움을 탄다 보도블록 위에 발자국이 남지 않아 다행이라는 듯 자꾸만 뒤돌아보는 발자국들

오랜만에 내려간 고향집 동네 사람들 만나기를 꺼려하는 내게 어머니는 "코를 베었느냐" 다그치곤 했다 어머니는 내가 베인 것이 코가 아니라 발자국이라는 것을 모를 것이다

어떤 발자국은 깊고 어두운 어디쯤에 피어 있다가 문득 가고 없는 사람의 옷자락을 펄럭이게 할 때가 있다

물방울

 이화장엔 이화가 피지 않았다 다만 때 이른 봄비가 내릴 뿐 이화 이야기를 하려는 게 아니다 한 사람의 남자 인덕원 근처 스무 평 아파트에서 잔인하게 말라가던 온몸이 숯처럼 까맣게 타 죽은 한 남자에 관해서

 몸을 잃은 그의 이름이 전광판 안에서 붉은 글씨로 깜박이는 동안 미래의 시체들은 자판기 앞에서 커피와 율무차를 고민하고 상조회에 대한 비교 평가를 하고 타다 만 몇 조각의 **뼈** 앞에서 누군가 큭, 울음을 터뜨릴 때

 딱딱한 껍질을 깨부수고 나온 하나의 물방울이 다른 물방울들과 섞여 아이들처럼 환호하는 모습에 대해서

 시체 타는 냄새 자욱한 이곳에 호수를 만들 생각을 한 이는 누구였을까

 입구와 출구가 하나인 좁은 통로를 오가며 호수의 효율성에 대해 투덜거리는 검은 옷의 상주들 사이에서 태초의 시간

을 만난 즐거움에 들떠 왁자지껄한 물방울들의 호수에

  이제 갓 태어난 새로운 물방울이 둥그런 동심원을 그리며
참으로 오랜만에 보조개를 보이며 웃는데

  사실, 죽은 그 남자에 대해 더 무슨 할 말이 있겠는가

메타세쿼이아

메타세쿼이아 가로수 길을 걸어보면 크고 말이 없어 고독해 보이는 짐승들 천천히 지나가는 그림자

쥐라기시대 매머드나 공룡이 근질거리는 뿔과 몸을 비벼댈 때나 커다랗고 미련한 날개들이 홰를 칠 때도 돌덩이처럼 딱딱한 기담이 들어 등을 기댄 나를 조용히 참아주는 지금처럼 서늘하고 웅숭깊은 그늘로 서 있었을 것

말없이 들어주는 귀를 상호간에 잃어버려 귓등으로 듣거나 신경질적인 귀들 허술한 말의 틈을 찾아 공격하려는 입들 혹은 내게 오는 칼을 피해 네게 가는 화살을 비껴 하나 마나 한 말들의 거리

그 오래된 공기와 시간의 주름들에 대해서 먼지 자욱할 미래의 거주지에 대해서도 이미 알고 있을 깊은 침묵 속으로 등 굽은 척추동물들 몸을 숨긴다

안산역

생의 빛나는 부분을 놓쳐버렸거나
아직은 너무 먼 거리에 있어
닿을 수 없는 사람들이 모여드는 곳
바람은 늘 긴 한숨을 쉰다

어깨를 덮는 머리카락
강파른 콧날 초점 잃은 눈동자
적잖은 한데밤을 홀로 새워왔음직한 남자가
고가도로 난간 늘 같은 자리에 서 있다

그가 가끔
모래바람을 맞으며 사막을 질러온 예언자처럼
양팔을 벌리고 거리를 향해 뭐라고 소리쳐도
사람들은 그저 지친 얼굴로 한 번 올려다 볼 뿐
아무도 눈여겨보는 사람이 없다

그는
사리포구 매립지를 떠돌다 날아든 갈매기와
표정이 겹쳐 있다

피리를 갖고 싶다

꽃핀 사향나무 그늘 지나면서 그가
그곳에 가자고 했을 때
나는 시체 타는 냄새 자욱한 그 도시가 싫다고 했다

그는
땅의 기운이 안개를 빨아들이듯
그곳은 모든 것들을 스며들게 한다고 말했을 뿐이었다

수신이 되지 않아
그의 방을 노크했지만
그리운 기척 대신 차고 어둑한 정적이 손을 잡았다

가는 다리를 비틀거리며
함께 토우를 만들던 옛집을 찾아갔으나
어머니는 화분의 꽃들이나 들여다보며 늙어 가신다

길들은 갑자기 경적을 울리며 달아나고
사람들은 끝없이 어디론가 구불구불 흘러간다
반지가 스르르 빠져 굴러 내린다

문득 피리를 갖고 싶었다

제4부

관곡지

연꽃 구경 온 사람들 사이에서
벙어리 부부가 국화빵을 굽네요

묽은 밀가루 반죽 한 숟가락에
탐스럽게 피어나는 국화빵들
가지런히 줄을 맞춰놓고 손님들을 기다리네요
먼저 구워놓은 빵들은 미안한 듯 조금씩 몸피를 줄이네요

갑자기 후두둑!
맑은 하늘에서 소나기가 쏟아지네요
사람들 연잎이라도 뒤집어쓰고 싶은 걸음으로
아열대성 소나기를 건너네요

이마에 나뭇잎 그늘을 컴컴하게 쓴 부부
꼼짝없이 옷이 흠뻑 젖었네요
구워도 구워내도
국화빵은 여전히 빵틀에 있고

처음 세상이 열린 것처럼
연잎사귀들만 온통 수런거리네요

물양귀비

저 노란 등불들을 어디선가 본 듯해

알아보는 순간 수양버드나무 사이로 불빛 새나오던 열두 칸 창호 격자무늬 팔각 금잔에 화주가 찰랑이고 춘앵무를 추는 무희의 그림자 처마마다 흔들리는 호롱불들 깜빡이며 검은 물살에 번져올 때

나는 전생에 서역 장안의 미인 양귀비를 남몰래 흠모하며 황조가를 타는 거문고 악사였나 보다 양귀비 꽃술이 물바람에 떨릴 때마다 가슴과 늑골, 손가락에 저릿한 그리운 통증이 밀려온다

동태국 끓이는 저녁

부엌 창문으로 내다보는 가로등
둥그런 불빛 속으로 눈이 쌓인다

흩날리는 눈발 속은 아득해서
눈보라 벌판에 까만 점같이
죽은 할머니가 동태 몇 마리 사 들고 걸어온다

눈은 펄펄 날리고
동태국은 국솥에서 하염없이 끓고
다시 어린 내가 부엌문에 꼭 붙어 서서
아랫마을 장기 두러 간 할아버지를 기다린다

온 집안 동태국 끓는 냄새 구수하고
며칠 전 사십구재를 지낸 숙부도 돌아와 장작을 팬다

쭉쭉 찢어놓는 나무의 속살은 푹 익은 살코기 같아
어머니도 생전에 쓰던 자루가 긴 국자를 들었다가 놓는다

최후의 손

 그것은 손을 내밀었다가 거절당했을 때 더욱 강력히 내미는 손 아쉬운 게 없는 사람은 절대로 내밀지 않는

 젊은이가 한 여인 앞에서 차마 그 손을 보이고 마는 것도 사랑을 힘센 팔만으로는 도저히 가져올 수 없기 때문이다

 고금의 힘센 왕들도 대부분 그 손을 쓴 경험이 있다 기원을 굳이 말하자면 아담과 이브가 낙원에서 추방당했을 때부터였을 것이다

 그것은 검거나 희거나 또는 누렇거나 피부색에 관계없이 맑고 투명하니 하늘 아래 가장 공평한 손이기도 하다

 어떤 사람들은 그것을 도구로 사용하기도 한다
 눈을 충혈시키고 온몸의 핏줄을 부풀어 오르게 하는 그것도 시간이 지나면 양이나 빈도 면에서 줄어든다고 한다

 달리 방법이 없는 사람들에게 그것은 여전히 최후의 손이다

요양원의 할머니를 찾아온 막내딸이 벗어놓은 외투를 걸치며 작별인사를 할 때
　고목의 쭈글쭈글한 껍질 위로 그 손이 축축이 배어나오는 걸 본 적이 있다

새집

가사미산 키 큰 낙엽송 위에
동그마니 얹힌 새집
달랑 문 하나
하늘을 향해 열려 있다

심심한 구름이
얼굴 비추는 문에 기대어
새도 한숨 쉴 때가 있을까
생각이 많을수록 집의 구조도 복잡하다

새가 잠시 집을 비운 사이
나무 아래를 서성이다가
집이 주인을 닮았음을 안다

문득
새의 집에 세 들고 싶어진다

수박선인장

 사람들은 시청에 다시 진정서를 내야 한다고 목에 핏줄을 세우고 눈만 뜨면 통장집 마당에 모여 어눌한 구호들을 외쳤다

 스무 살의 나에게는 어린애의 정수리 같은 꼭지에서 어느 아침 긴 목을 쑥 뽑아 순백의 꽃을 피우던 수박선인장이 유일한 희망이었다

 삶이 황무지 같다고 느껴지는 언제부턴가 다시 수박선인장을 키웠다
 주인을 닮아가는지 베란다의 선인장은 좀처럼 꽃대를 내밀지 않고 키만 자랐다

 담즙같이 쓴 잠을 자고 난 아침 재어 본 수박선인장의 키는 어떤 수위를 넘었다 순간 불임의 몸을 단칼에 쓰러뜨려 묽은 수액이 뚝뚝 떨어지는 걸 보고 싶다는 살의

 어차피 희디흰 목 줄기 뽑아 올려 환하게 피어 볼 수 없는 목숨이었다

늙은 고라니

나날이 털이 듬성해져 가는 고라니는 온종일 그늘과 빛이 교차하는 그루터기에 앉아 있다 오랜 지병인 천식을 앓는 중이다

그것은 적절한 출구를 찾지 못한 습기가 고여 생긴 병 회오리바람처럼 지나가 버린 눈부신 날들과 잊혀지지 않는 눈가에 비치던 밤하늘의 별빛 폭풍우 치는 밤의 어둠 속으로 막무가내 타오르던 불꽃이기도 하다

잠긴 목을 쿵쿵거리며 서편에서 불어오는 낯선 바람에 신열의 이마를 맡겨보지만 바람결이 투명해질수록 통증은 더욱 가슴을 죄어온다

올봄 새로 가지를 벋어 통통한 열매들을 달고 서 있는 상수리나무를 배려해 그는 지금 온몸으로 기침을 참는 중이다

손가락 자국

질긴 그 무엇을 어금니로 꽉 문 채
힘주어 짚고 있다가

쓱
문질러버린 역전 화장실 거울의
손가락 자국

잠시 쭈그려 앉아 울었을까

뺨 위에 흘러내린 얼룩을 씻고

다시
낯선 컨베이어에 오르려고

아름다운 숲

숲 가장자리 끝에 매달린 집
하루를 건너느라 소맷부리가 다 닳은
때까치 가족
불안의 손가락은
어린것들의 속 날개를 성급하게 펼쳐든다

일찍 뜬 눈을 불온하게 보는 눈들
지상의 모든 소리를 노래 아니면
소음으로 듣는 귀들
울울창창 우거지고

아름다운 숲은
그 숲에 어울리는 노래를 좋아한다
윤기 흐르는 카나리아가 관상수 위에서 노래할 때면
천 년 초록의 잎들 소리를 잎맥 가득 구겨 넣는다
잎사귀들 부풀려 포만감을 즐긴다

때까치들은 때까치라서
때까치들의 숲으로 쫓아버려야 한다고
은근한 귓속말로 결속하는 숲

군자란

군자란 꽃이 피었다
꽃도 마음을 답답하게 할 때가 있다
겨우내 거실에서 키만 크더니
대궁도 서지 않고 잎 사이에 겨우
꽃이 비어져 나와 있다

군자란 꽃은
줄기의 상부에 있어야 꽃이다
상부에 피지 않고 잎 틈에 핀 꽃은
굴종이고 수치다
십일월 찬바람 피해 샛길로 질러온 자괴감이다

누구나 다 꽃다운 봄날을 맞는 건 아니다
청춘을 성급한 불발로 끝내버린
돌아보면 눈물 자국뿐인 사람도 있다

월화수목금토일

족장 코끼리가 어린 코끼리들을
하나씩 등에 태워요
코끼리 나라에 해가 지고 밤이 오기까지
우리들은 코끼리 나라에 살아요

대평원이나 밀림을 본 적 없는 우리 코끼리들은
원탁에 둘러앉아 점핑클레이로 코끼리를 만들어요
분홍과 노랑 파랑 코끼리를 만들다가 싫증이 나면
색깔들을 한꺼번에 뭉쳐서
시커멓고 뚱뚱한 코끼리를 만들기도 해요

코끼리를 만들고 만들어도 유리창엔 햇빛이 부셔요
사실 코끼리를 만들어도 안 만들어도 상관은 없어요
코끼리를 만들다가 졸리면 그냥 자도 돼요

엄마와 놀이공원에서 붕붕카 타는 꿈을 꾸다 깨면
코끼리들은 아직도 원탁 위에 서 있어요

잠이 덜 깬 눈에 코끼리들이 빙글빙글 돌아가요

족장 코끼리는 오늘도 노래를 불러줘요
우리 코끼리들도 박수를 치며 따라 불러줘요

어미 목(木)

사위가 불안한 고요로 휩싸이자
발톱이 민감한 새들
화들짝 날아올랐다

정수리부터 잡고 흔들어 대는 바람의 억센 손아귀
여기저기서 관절 부러지는 소리
커다란 둥치가 아예 쿵! 쓰러져 누웠다

태양이 빛의 수레를 몰고 나타나자
어둠 속에서 양분을 끌어당기던 손가락들 힘없이 스러지고
떨어진 푸른 잎들 둘레에 낭자하다

낮잠을 자거나 무료한 시간 때우기
오지 않는 사랑을 기다리며
그늘 아래서 훌쩍거리던 날들
흠칫 그림자를 거두며 뒷걸음질친다

수족 불편한 노인 두엇 조문하듯 비척이며 걸어와서

우두커니 섰다가 돌아가고
시들시들 말라가는 나뭇잎들 사이에서
벌레들이 거뭇거뭇 기어 나온다

기우뚱 제구실을 못하는 늙은 평상만
한쪽 무릎이 꺾인 채 우두커니 곁을 지키고 있다

첫눈

누군가 신나게 빙설기를 돌리나 보다
쌓여 있는 김장 배추들 급히 비닐을 두르고
좁은 골목들 순식간에 정수리가 하얗다

붉은 고무다라이 속 부풀어 오른 소의 창자
발목만 잘려온 닭발들
내장이 비워진 고등어 위에도
명랑하게 내리는 눈

피칠갑을 한 신문지 위에
개는 검게 그을린 채 사지가 잘려
갈빗대 허벅지 꼬랑지 진상하듯 차려놓고
무상무념의 대가리로 앉아 눈을 맞는다

시커먼 국솥
펄펄 피어오르는 김에 서려 넘실대며 끓는 국숫발
점퍼 깃을 올리고 모자를 눌러 쓴
흑싸리와 육목단 위에도

돼지껍데기와 막걸리 술잔 속에도

처녀애 같은 눈발들 팔랑팔랑 뛰어든다

굴참나무 기둥

그는 온몸으로 지붕을 떠받쳤다
부실한 머리보다는 등이나 어깨, 허리가
더 믿을 만했기 때문이다

천장의 사방 꽃무늬들
벽지를 타고 흘러내리는 부드러운 꽃덤불은
그의 자랑거리다
올해로 늦자란 나뭇가지 하나를 떼어 심었다
받치고 선 팔에서도 힘이 빠진 참에
한시름 놓았다고 긴 숨을 쉬었다

요즘 들어 그의 머리는 자주 갸우뚱거렸다
뭔가 어긋나는 듯 궤가 잘 맞지 않았다
말에선 자꾸 새는 소리가 났고
미끄럽게 빗나가는 느낌이 공기 중에 섞여 있었다

모처럼 밝은 날
반백의 머릿결을 날리며 활보해보지만

공연히 앞뒤를 두리번거리고
천장을 받치던 손이 내려져 있는 게 영 거북해
춥지 않아도 주머니에 손을 꼭 넣고 다닌다

그는 여전히 끙끙거린다
사람들 말로 그건 순전히 그의 버릇이라고

잠을 자다가도 무슨 기척소리가 나면
엉겁결에 두 손으로 허공을 받쳐 들고
관절을 삐걱거린다

딸기나무

서쪽 하늘에 반은 닳아 없어진 해쓱한 얼굴
순간, 발을 헛디뎌
그 딸기나무가 내 몸속으로 번갯불처럼 들어왔다

흰 블라우스 앞섶이 으깨진 딸기즙처럼 붉었다
할머니가 허둥거리며 앞치마 자락을 찢었고
아무도 보고 싶지 않은 채 아득하게 누워
나는 딸기나무와 한몸이 되었다

어머니가 돌아와 볼멘소리 끝에 눈물을 그렁거렸고
할머니는 "남의 탓할 거 없다" 눈에 모를 세웠다

정자나무 아래 해를 보내는 노인들은
어린 나를 불러 세워놓고
시집을 못 가겠다 혀를 끌끌 찼다

나는 거울 앞에서 심각하게
은폐하는 법을 고려했다

완벽하진 않았지만 방법은 많았고
삶의 궤적이 늘어갈수록 다른 무늬들과 얽혀
딸기나무 가지들도 희미해져갔다

설핏 든 잠마다 비단옷 입고 캄캄하게
밤길 가는 꿈
쓸쓸한 관자놀이에 돋보기를 대보면
"상처로 관을 썼으니 입신은 어렵겠고
마음이 정처 없어 곤고하리라"

거리의 돗자리 거사들이
내 몸의 딸기나무를
더듬더듬 찾아내는 저녁이 있었다

영계백숙

팔팔 끓는 뚝배기 국물 속에서
어린것의 어깻죽지가 꿈틀거린다

눈과 입을 제거해 버리고
얌전히 그릇에 담겨 나온
오래전에 잃어버린 딸

망망대해의 물결 속으로
새끼 거북을 놓아 보낸 일
까맣게 잊어버리고

잔칫집엘 가고
문상을 가고
감자를 사러 다니고
드라마를 보다가

뽀얗게 익은 가랑이를 찢어들고
호호 불며 입맛을 다시는

■ 해설

푸른 발굽의 시간

이재복

  최기순의 시에는 시간에 대한 자의식이 강하게 투영되어 있다. 이 시간은 순전히 시인만의 것이다. 이것은 그녀의 시 속의 시간이 자신만의 독특한 시적 정서와 감성을 지니고 있다는 것을 의미한다. 만일 시간이 시인 자신만의 독특함을 반영하고 있지 않다면 그것은 평범하거나 개념화된 시간의 세계에 지나지 않을 것이다. 시인의 시간이 독특한 것은 여기에 그늘이 배어 있기 때문이다. 시간의 그늘 혹은 그늘의 시간은 아주 섬세하면서도 끊임없는 흐름을 전제한다. 이런 점에서 그늘은 변화의 속성인 음과 양을 모두 지니고 있는 세계라고 할 수 있다. 흔히 그늘 하면 우리는 단순하게 밝음에 대한 대비의 개념으로만 이해하는데 기실 이 그늘 속에는 밝음과 어둠이 함께 공존한다. 밝음과 어둠, 다시 말하면 음과 양의 공존으로 시간은 실체성을 지니게 된다. '그늘이 우주를 바꾼다'거나 '그늘이 세계를 만든다'라는 말은 모두 여기에서 비롯된 것이다.

  그늘의 세계에서는 변하지 않는, 늘 그대로의 것이란 존재하지 않는다. 어쩌면 그늘의 관점에서 보는 세계란 그 자체로 살아 있는 생명체라고 해도 과언이 아니다. 그늘의 세계에 있는 시인에게 지각되는 모든 대상이나 사물은 생명의 현상에 지나지 않는다. 시인의 지각장 속에서 그것이 '버터'든 아니면 '어족들'이든 모두가 현상으로 드러날 뿐이다. 시인의 지각장 속에서 버터는 "말과 말 사이의 각을 미끄러트리고 주전자와 입 사이의 컵 집행관들의 모자 속을 유유히 흘러 다니는 유체 혹은 지느러미"(「버터」)이고, 어족들은 '저마다 뻐끔거리는 아가미와 살랑이는 지느러미'(「어족들」)를 지닌 존재일 뿐이다. 버터와 어족들의 경우처럼 하나의 현상은 하나의 존재 그 자체이다. 이런 점에서 어떤 현상은 개념화는 물론 거짓된 차원을 넘어 진실 혹은 진정성의 차원으로 드러나기에 이른다. 시인은 자신이 지각한 세계를 시 속에 풀어놓는다. 그 풀어놓음이 바로 시인이 지각한(체험한) 현상의 세계인 것이다.

그런데 여기에서 우리가 한 가지 간과하지 말아야 할 것은 이렇게 시인이 풀어놓는 세계가 응어리지고 그늘진 시간 속에 있다는 점이다. 시인은 "이번 생은 너무 엉클어졌어요"(「나쁜 시간들」)라고 고백한다. 시인의 고백 속에는 자신의 생에 대한 자의식이 강하게 투영되어 있다. 시인의 엉클어진 생은 '나쁜 시간들'로 존재하면서 시인의 주의와 관심을 끊임없이 환기시킨다. 평소 주의와 관심의 대상이 되지 않던 것들이 갑자기 현상의 장 속에서 탈은폐된다는, 그만큼 그 세계가 의미를 지니고 있다는 것을 말해준다. 시인의 엉클어진 생은 반드시 엉클어진 모습으로 드러날 수밖에 없다. 이것은 마치 '급하게 집어먹은 날들을 토해버리려는 것'(「어족들」)과 다르지 않다. 시인이 경험한 엉클어진 생과 급하게 집어먹은 날들은 지각의 장에서 깨끗하게 사라질 수도 또 깔끔하게 정리될 수도 없다. 시인의 몸속에서 그것들은 끊임없이 움직이면서 시퍼렇게 살아 있을 수밖에 없다. 시인은 그것을

> 흰 갈기도 우아한 준마인지
> 혹은 반인 반마
> 황금 소나기 메뚜기 떼였는지
> 다만 그 발굽 아래
> 얼굴을 목을 가슴을 밟혔던 기억
>
> 장수한 거북이들과 만장일치의 박수 소리들
> 밟고 지나가는 발자국들마다
> 촉수 세운 혈관 위에 통증 아닌 것들 없이
>
> 사랑할수록 사나워져서
> 즐겁게 당연하게
> 한 번 더 치명타를 먹이며
> 넘고 또 넘어오는 수천수만의 저 푸른
>
> ―「발굽들」 부분

에서 알 수 있듯이 '푸른 발굽들'로 표현해내고 있다. 시인은 그 발굽들에 자신의 '얼굴, 목, 가슴을 밟혔던 기억'을 되살려 낸다. 하지만 시인이 말하는 기억이란 관념적으로 존재하는 것이 아니라 감각적으로 존재하는 것이다. 이런 맥락에서 시인은 그 기억을 '넘고 또 넘어오는 수천수만의 발굽들'이라고 말하고 있는 것이다. 시인의 얼굴, 목, 가슴 곧 몸을 짓밟았던

수천수만의 발굽들은 단순한 기억의 장이 아닌 감각의 장 속에서 시퍼렇게 살아 움직이고 있는 것이다. 이렇게 시인 자신의 몸을 밟았던 아니 밟고 있는 수천수만의 발굽들을 기억이라고 말할 수 있겠는가? 그것은 기억이 아니라 감각인 것이다. 기억과는 달리 감각은 단절이 아닌 연속의 형태로 존재한다. 감각은 과거, 현재, 미래가 하나로 이어져 있다. 시인이 수천수만의 발굽들에 짓밟혔던 기억은 과거로만 존재하는 것이 아니라 현재 또는 미래로 존재하는 것이다. 시인에게 그 발굽들이 현재의 상태로 존재한다면 그 현재 속에는 과거와 미래가 함께 존재하는 것이다.

이런 점에서 시인이 말하고 있는 '푸른 발굽들'은 시인의 상처를 상징화하고 있는 것으로 볼 수 있다. 과거의 상처가 기억으로만 머물러 있는 것이 아니라 '푸른'과 '발굽'이 상징하듯이 지금 이 순간(현재)에 시퍼렇게 살아 날뛰는 감각성을 드러낸다. 푸른 발굽들로 상징되는 시인의 상처가 시퍼렇게 살아 날뛴다는 그러한 감각의 연속은 언제나 흔적을 남기며, 그 흔적이 바로 '주름'이다. 시인이 세계의 존재성을 감각으로 이해하고 있다는 것은 곧 시간이 주름이라는 사실을 말해준다. 시간이 주름이고 주름이 시간이라면 그 주름만큼 시간의 존재성은 견고해진다. 푸른 발굽들로 이루어진 시인의 상처의 이면에는 이러한 견고한 시간의 존재성 곧 주름이 내재해 있다고 할 수 있다. 시인에게 주름은 견고한 시간 혹은 견고한 존재성을 드러내는 시인의 징표이다. 상처가 깊으면 주름도 깊어지고 또 그만큼 존재성도 견고해지는 것이다. 왜 시인이 "그녀들이 믿을 건 시간뿐이에요 난간들이 회색빛으로 낡아 가는 동안 눈치 빠른 날들은 얼마나 익숙하게 주름을 접어가겠어요"(「그녀들」)라고 했는지 또 "칸나의 목구멍은 붉고 깊어서 멀리서 휘파람 소리가 들려와요"(「나의 켄터키 시절」)라고 했는지 이해할 수 있을 것이다.

그렇다면 이렇게 상처가 깊어가고 주름이 늘어간다는 것은 무엇을 의미하는 것일까? 이 물음에 대해 시인은

> 아파트 건너편에 늙은 버드나무 한 그루
> 나는 어쩜 이곳이 물가였을 거라는 생각을 해요
> 두꺼운 시간의 지층을 열어보면
> 그리운 물결들 찰랑찰랑 넘치지 않을까요
>
> 그렇다면 저기 볕에 그을린 얼굴들 종일 붙박여 앉아 있는
> 저 벤치 아래로
> 큰 물가에서 버드나무 한 가지 물결 따라 떠밀려와 뿌리내리고
> 잎사귀들 푸르게 쏟아졌을까요
> 거뭇한 물풀 사이를 참붕어 버들치들 이리저리 숨고
> 서늘한 깊은 물에 마을 아낙들 풍성한 머리채 풀어 내렸을까요
>
> 저 주차장의 차들은 고삐를 매놓은 말이었을까요
> 누군가 저곳에 지친 말을 세워두고 담배연기 길게 내뿜다가
> 오래 간직해 딱딱해진 가슴속 그 무엇을 흘려보냈을까요
> 주름 속 흔적들 씻어내 물길 따라 보냈을까요
> ―「그 물가에서」 부분

라고 말한다. 시 속의 "두꺼운 시간의 지층"이란 주름에 다름 아니다. 그런데 시인은 그 "두꺼운 시간의 지층을 열어보면/

그리운 물결들 찰랑찰랑 넘치지 않을까요"라고 우리에게 묻는다. 시간의 지층, 다시 말하면 주름이 물결이라는 사실은 존재의 문제와 관련하여 의미심장한 데가 있다. 존재가 물결이라면 그것은 존재 자체가 끊임없는 생성의 과정에 있다는 것을 말해준다. 이런 점에서 존재는 곧 끊임없는 생성을 의미하며, 시인의 상처와 주름은 이 끊임없는 생성의 과정 속에서 탄생한 것이라고 할 수 있다. 끊임없는 생성의 과정에서 보면 시인의 상처는 그저 흘러가는 것에 불과하다. 우주가 흐르듯이 상처 역시 흐를 수밖에 없다. 시인이 '온 우주의 바다를 흐르고 흘러야 처음 떠나온 집으로 돌아갈 수 있다'(「내 입김이 유리창을 잠깐 흐렸다」)고 말할 때 그 근저에는 우주의 순환론적인 원리가 작동하고 있다고 할 수 있다. 여기에서의 순환론이란 동일한 반복이 아니라 차이를 통한 반복, 곧 끊임없는 변화를 전제한다. 이것은 작년에 왔던 봄이 올해 다시 온다고 해서 그 봄이 작년의 봄이라고 말할 수 없는 것과 같은 이치이다.

시인이 말하고 있는 생 혹은 시간이란 이런 것을 의미한다. 시간이 흐름을 전제로 하기 때문에 상처는 그것이 아무리 깊은 것이라고 하더라도 치유의 방식을 지니게 되는 것이다. 끊임없이 이어지고 변화하는 시간의 흐름 속에서 보면 그늘은 언제나 '어디에 몸을 드리우건 생의 문양처럼 컴컴'(「그늘론」)하다. 이 컴컴한 그늘은 '우연인 듯 나타나 햇볕의 일상을 단번에 엎어버리기'도 하고 또 "수많은 칼날들이 어둠 속에서 번뜩"(「아버지의 저녁」)이는 형상을 하기도 한다. 그늘의 변화무쌍함과 난폭함은 시간이 존재할 수 있는 조건이다. 이런 점에서 시간의 모든 무늬들은 '날카로운 무엇에 살을 베어 피 흘린 기억의 상흔'(「무늬」)을 지니고 있다. 하지만 이 상흔은 시간의 흐름 속에 있기 때문에 어둡고 아픈 기억뿐만 아니라 밝고 환한 기억으로 거듭나기에 이른다. 시인은 목련나무를 보고 "미친 듯/제 속의 숯덩이들을 깨워/저렇게 환한 불송이들을 내걸었을 것"(「목련나무」)이라고 말한다. 이것은 또한 "묽어진 핏물 화단가로 스며들자/장미꽃 붉고 싱싱하다"(「조용한 대낮」)라는 말과 다르지 않다.

시인의 이러한 고백은 생, 다시 말하면 시간의 그늘이 역설의 형태로 존재한다는 것을 의미한다. 밝음이 어둠을 낳고 다시 그 어둠이 밝음을 낳고, 죽음이 삶을 낳고 그 삶이 다시 죽음을 낳는 이러한 역설이 바로 시간(존재) 혹은 우주 생성의 원리인 것이다. 그늘 속에 깃든 시간을 통해 존재의 웅숭깊음을 들여다 보려는 시인의 눈은 기본적으로 역설의 생동하는 생명의 세계를 잉태하고 있다고 할 수 있다. 그늘이 우주를 바꿀 수 있는 이유가 바로 여기에 있다. 존재의 기본 바탕이 이러하다면 그것이 구체적으로 드러나는 현상의 세계 역시 그러할 수밖에 없다. 가령

> 창은 네모다
> 풍경을 가로 세로 자른다
> 아니 창은 둥글기도 하다
> 친절하게 모든 것을 굴린다
> 굴리고 굴려서 자기에게 이르도록 한다
> 그런 점에서 창은 이기적이다
>
> 창 때문에 따뜻하고

창 때문에 춥다
세계가 아름답고
세계가 보이지 않는다

(…중략…)

그러므로 절대 행복한 나는
아니 불행한 나는
창의 애호가

—「창」 부분

라고 할 때 시인이 발견한 세계의 속성은 '창'과 같은 것이다. 창은 세계를 고정된 형태로 드러내 보이는 것이 아니라 다양하게 변화하는 역동적인 형태로 드러내 보이는 존재이다. 이런 창을 통해 세계를 지각하는 시인은 "창의 애호가"이다. 창처럼 세계는 네모로도 또 둥글게 지각되기도 하고, 따뜻하게 또 춥게 지각되기도 한다. 지각의 주체인 나는 언제나 보임과 보이지 않음 혹은 행복과 불행을 동시에 지니고 있는 이중적이며 복합적인 그런 존재인 것이다. 우리는 흔히 세계를 단선적으로 이해하는 경향이 있다. 하지만 세계란 우리가 생각하는 것처럼 그렇게 단순하지도 또 투명하지도 않다. 세계의 이 복잡성과 불투명함이야말로 우리(시인)가 지각하는 현상의 역동성과 변화성 그리고 생명성을 드러내는 하나의 징표라고 할 수 있다.

시인의 세계를 지각하고 이해하는 태도가 여기에 있다면 그만큼 그것을 드러내는 현상은 섬세하고 다채로울 수밖에 없다. 이 시집에 드러난 시인의 세계에 대한 감성과 감각은 서정의 정조를 유지하고 있다. 「진달래」에서 시인은

산은 온통 나비들로 눈부셔요

겨우내 추위에 지친 나무들의 정수리에 분홍빛 엷은 날개를 얹고 파르르 떠는 한 떼의 나비들 사월의 바람결을 타고 놀며 더러는 이 세상이 아닌 어느 한때를 생각하는 듯 고즈넉이 날개를 접고 앉아있어요

그 옛날 사대부가의 별당 아씨 중문 후문 지나 스란치마 끌리는 후원에 핀 꽃을 따서 마음이 호젓해질 때마다 입술에 대고 호오 불어 높은 담 밖으로 날려 보내곤 했었나봐요

신이 난 바람은 그 꽃잎을 받아 등에 업고 몇 구비 순환의 길을 돌아 땅속 깊고 깊은 잠을 자게 하였겠지요

봄비 내리는 캄캄한 우화의 밤이 가고 바람은 이제 막 부화해 지상으로 올라온 분홍빛 나비들을 불러 모아 홀아비처럼 헐벗은 봄 산으로
　　　　　　　　　　　　　　　　—「진달래」 전문

라고 노래하고 있다. 이 시의 시적 대상은 '진달래'이다. 이 대상을 시인은 단숨에 질료로 바꾸어 놓고 있다. 이것이 가능한 이유는 기본적으로 진달래에 대한 시인의 지각이 주의(attention)의 상태에서 그것을 들추어냈기 때문이다. 시인의 지각은 산에 흐드러지게 핀 진달래와 교감하면서 그것의 이면에

은폐되어 있는 세계를 고스란히 들추어내려고 한다. 시인의 지각이 주의를 기울인 것은 사월의 바람결에 파르르 떠는 진달래꽃잎이다. 진달래꽃의 그 떨림을 보고 시인은 여기에서 나비를 연상한다. 그런데 이 나비는 그냥 관조의 대상으로 존재하는 그런 나비가 아니다. 이 나비는 과거와 현재, 생과 사의 시간을 가로지르는 역동적인 생명력으로 가득 찬 나비인 것이다. 이 시에서 우리는 시인의 나비에 대한 지각의 과정이 마치 물이 흐르듯 하고 있다는 것을 알 수 있다. 시적 주체와 진달래꽃 사이의 지각 과정을 보면 시각, 촉각, 청각, 후각 등 복합적인 감각들이 서로 섞이면서 시간의 흐름 속에서 그 존재성을 드러내고 있음을 알 수 있다.

하나의 세계란 시간의 흐름에 다름 아니라는 말은 그 시간이 감각의 덩어리라는 사실 때문에 가능하다. 시인이 이 시에서 보여주고 있는 것이 바로 이것 아니겠는가? 이 세계 혹은 시간이 감각의 덩어리로 이루어져 있다는 것은 그 세계 내에 존재하는 모든 것들이 분리되어 있는 것이 아니라 연결되어 있다는 것을 말해준다. 세계는 모두 관계되어 있는 감각의 결합체인 것이다. 세계 내의 이러한 관계성을 주목한다면 존재하는 그 어느 것 하나 의미를 지니지 않는 것이 없다. 존재 자체가 의미라면 시적 주체 혹은 지각의 주체는 그 세계 이면에 은폐되어 있는 의미를 발견하고 그것을 들추어 내는 일이 무엇보다도 중요하다고 할 수 있다. 시인이 발견해서 들추어낸 푸른 발굽은 그 자체로 강한 의미를 띤다. 푸른 발굽의 상징성이 강렬하면 강렬할수록 시인과 세계 사이의 지각을 통한 소통이 활발하다는 것을 말해준다. 세계 내에 존재하는 시인의 지각이란 주의를 기울이는 순간 그것들은 단번에 의미를 생성한다. 그것은 "불쑥 물 젖은 손이/물달개비 한 송이를 건넸을 때/온 세상 물결들이 다 나를 향해 달려왔다"(「물달개비」)라는 표현에 잘 드러나 있듯이 몸의 감각으로 이루어지는 세계이다.

시인의 이번 시집이 개념이나 관념이 아닌 감각과 지각으로 의미를 생성하고 있다는 것은 세계를 좀 더 현상적으로 발견하고 성찰할 수 있는 가능성을 열어보였다는 점에서 의의가 있다. 많은 시인들이 세계 속에 은폐되어 있는 의미를 지나치게 자신의 관념이나 개념화되고 도구화된 틀에 의존해 들추어내려는 경향이 있다. 이것은 시인의 세계에 대한 시적 감성이나 감각을 무디게 하고 소멸시키는 결과를 초래할 위험성이 있다. 시인이 세계와 진정으로 소통한다는 것은 그것을 현상의 차원에서 바라보고 어떤 도구적 연관성도 없이 그것을 자연스럽게 드러낸다는 것을 의미한다. 최기순 시인의 시적 태도는 이런 점에서 주목에 값한다. 푸른 발굽으로 표상되는 시인의 시세계를 통해 우리는 "그리운 통증"(「물양귀비」)처럼 밀려오는 그녀의 상처를 체험한 것이 사실이다. 하지만 그 상처가 좀 더 구체화되고 선명성을 유지하기 위해서는 그늘의 속성과 세계의 이면에 은폐되어 있는 의미에 대해 보다 깊이 있고 강렬한 주의와 집중이 요구된다고 할 수 있다.

李在福 | 문학평론가 · 한양대 교수